金子みすゞ童謡集

このみちをゆこうよ

選・矢崎　節夫

装丁挿絵・高畠　純

なくなる前日の金子みすゞ

はじめに

阪田寛夫

金子みすゞさんの詩といえば、私は最近《さいきん》まで「大漁《たいりょう》」しか知りませんでした。岩波文庫『日本童謡集《どうようしゅう》』に、これ一篇《いっぺん》だけがのっていたからです。

その『日本童謡集』は、およそ大正時代半ばから第二次大戦《だいにじたいせん》終わりまでの、すぐれた童謡詩を集めた本ですが、なかでも「大漁」は変わっていました。同じように自然に向かう子どもの気持ちをうたった童謡でも、金子みすゞさんは海や大漁のお祝《いわ》いをしている人たちの姿《すがた》のなかに、死んだイワシの、奥《おく》さんや子どもたちの悲しみを見ていました。つまりふつうの人の目には見えないものが、みすゞさんにはよく見えた。そこが違《ちが》うようです。

こんな風に今私は書いていますが、童謡集にたくさん並《なら》んだ作品を読んでいた時、なぜか「大漁」で目がとまったのです。ただし、私は目をとめただけですが、この本の詩を選《えら》んで解説《かいせつ》を書いておられる矢崎節夫《やざきせつお》さんは、違います。心をうたれただけでなく、そのつぎに、「こんなに思いの深いやさしい童謡を書いた金子みすゞとは、どんな人なのだろうか」と考え、一九三〇年に亡《な》くなっていたこの詩人について、もっと知りたいと願《ねが》いつづけるようになりました。そして少しずつ詩をみつけていった末《すえ》、十六年目にとうとうみすゞさんの弟さんに出会い、いちどきに五百十二の詩——金子みすゞのほぼ全作品が書いてある、自筆の遺稿集《いこうしゅう》を見せてもらいます。みなさんも、私も、おかげで今、この本の詩を読むことができます。でもその一番もとになったのは「大漁」の詩で、そのまたもとになったのは、みすゞさんのふしぎな目の力です。

ふしぎ、といえば、童謡として書かれた五

百十二の詩の全集や、選集が多くの人に読まれ、好《この》まれているのに、そして力のある作曲家の方々が、たくさんいい曲をつけているのに、まだみんなに口ずさまれるような「うた」がでてこないことです。

もしかしたら、見えないものを見てしまう目にうつった世界は、私たちが耳で聞いても聞こえない世界だったかも知れません。だから、みすゞさんの童謡は、口ずさんでノドで味わうよりは、だれもが黙《だま》りこんでそれぞれのタマシイの深みで味わうに適《てき》しているのか、と考えたくなりました。

このみちをゆこうよ・目次

花のお使い

世界中の王様

四月

月日貝

月日貝

西のお空は
あかね色、
あかいお日さま
海のなか。

東のお空
真珠《しんじゅ》いろ、
まるい、黄色い
お月さま。

日ぐれに落ちた
お日さまと、
夜あけにしずむ
お月さま、
逢《お》うたは深い
海のそこ。

ある日
漁夫《りょうし》にひろわれた、
赤とうす黄の
月日貝。

お魚の春

わかいもずくの芽《め》がもえて、
水もみどりになってきた。

空のお国も春だろな、
のぞきに行ったらまぶしいよ。

とび魚おじさん、その空を、
きらっとひかってとんでたよ。

わかい芽が出た藻《も》のかげで、
ぼくらも鬼《おに》ごとはじめよよ。

魚売りのおばさんに

魚売りさん、
あっち向いてね、
いま、あたし、
花をさすのよ、
さくらの花を。

だっておばさん、あなたのかみにゃ、
花かんざしも
星のよなピンも、
なんにもないもの、さびしいもの。

ほうら、おばさん、
あなたのかみに、
あのお芝居《しばい》のおひめさまの、
かんざしよりかきれいな花が、
山のさくらがさきました。

魚売りさん、
こっち向いてね、
いま、あたし、
花をさしたの、
さくらの花を。

魚のよめ入り

さかなのひめさまおよめ入り、
むこうの島までおよめ入り。

島までつづいたお行列、
ぎんぎら、ぎんぎら、銀かざり。

島の上にはお月さま、
ちょうちんともしておむかえよ。

さてもみごとなお行列、
海のおもてをねってゆく。

子どもと潜水夫《もぐり》と月と

子どもは野原の花をつむ、
けれども、帰るみちみちで
はらりはらりとまきちらす。

お家へかえれば、何もない。

もぐりは海の珊瑚《さんご》とる、
けれど、あがれば舟《ふね》におき、
からだ一つでまたもぐる。

じぶんのものは、何もない。

月はお空の星ひろう、
けれど、十五夜すぎたなら、
またもお空へまきちらす。

晦日《みそか》ごろには、何もない。

なぞ

なぞなぞなァに、
たくさんあって、とれないものなァに。
　青い海の青い水、
それはすくえば青かない。

なぞなぞなァに、
なんにもなくって、とれるものなァに。
　夏の昼の小《ち》さい風、
それは、うちわですくえるよ。

つくる

小鳥は
わらで
その巣《す》をつくる。
　そのわら
そのわら
たあれがつくる。

石屋は
石で
お墓《はか》をつくる。
　その石
　その石
たあれがつくる。

わたしは
すなで
箱庭つくる。
　そのすな
　そのすな
たあれがつくる。

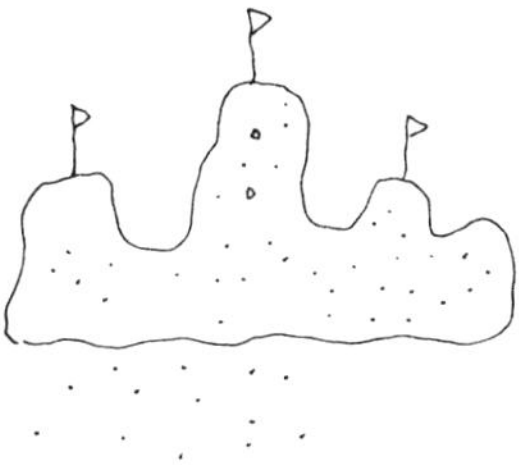

墓たち

墓場《はかば》のうらに、
垣根《かきね》ができる。

墓《はか》たちは
これからは、
海がみえなくなるんだよ。

こどもの、こどもが、乗っている、
舟《ふね》の出るのも、かえるのも。

海べのみちに、
垣根ができる。

ぼくたちは
これからは、
墓がみえなくなるんだよ。

いつもひいきに、見て通る、
いちばん小さい、丸いのも。

はまの石

はまべの石は玉のよう、
みんなまるくてすべっこい。

はまべの石はとび魚か、
投げればさっと波を切る。

はまべの石はうたうたい、
波といちにちうたってる。

ひとつびとつのはまの石、
みんなかわいい石だけど、

はまべの石はえらい石、
みんなして海をかかえてる。

海のこども

海のこどもみィつけた、
大きな岩の上に。
になの子どもみィつけた、
海のこどものなかに。

海のこどもかわいいな、
になのこどもかわいいな。

いそがしい空

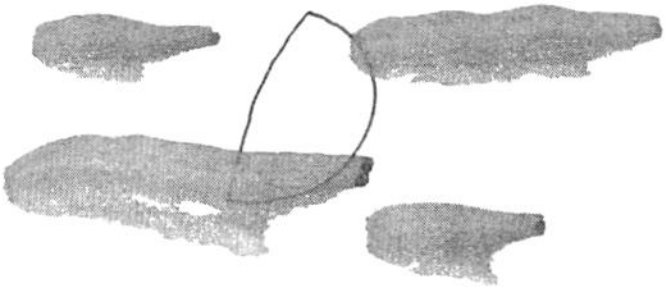

いそがしい空

今夜はお空がいそがしい、
雲がどんどとかけてゆく。

半かけお月さんとぶつかって、
それでも知らずにかけてゆく。

子雲がうろうろ、じゃまっけだ、
あとから大雲、おっかける。

半かけお月さんも雲のなか、
すりぬけ、すりぬけ、かけてゆく。

今夜はお空がいそがしい、
ほんとに、ほんとに、いそがしい。

昼と夜

昼のあとは
夜よ、
夜のあとは
昼よ。

どこにいたら
見えよ。

長い長い
なわが、
そのはしと
はしが。

わたし

どこにだってわたしがいるの、
わたしのほかに、わたしがいるの。

通りじゃ店の硝子《ガラス》のなかに、
うちへ帰れば時計のなかに。

お台所じゃおぼんにいるし、
雨のふる日は、路《みち》にまでいるの。

けれどもなぜか、いつ見ても、
お空にゃ決していないのよ。

月のひかり

一

月のひかりはお屋根から、
明るい街《まち》をのぞきます。

なにも知らない人たちは、
ひるまのように、たのしげに、
明るい街をあるきます。

月のひかりはそれを見て、
そっとためいきついてから、
だれも貰《もら》わぬ、たくさんの、
影《かげ》を瓦《かわら》にすててます。

それも知らない人たちは、
あかりの川のまちすじを、
魚のように、とおります。

ひと足ごとに、こく、うすく、
のびてはちぢむ、気まぐれな、
電灯《でんき》のかげをひきながら。

二

月のひかりはみつけます、
暗いさみしいうら町を。

いそいでさっととびこんで、
そこのまずしいみなしごが、
おどろいて眼《め》をあげたとき、
その眼のなかへもはいります。

ちっともいたくないように、
そして、そこらのあばら屋が、
銀の、ごてんにみえるよに。

子どもはやがてねむっても、
月のひかりは夜あけまで、
しずかにそこに佇《た》ってます。

こわれ荷ぐるま、やぶれかさ、
一本はえた草にまで、
かわらぬ影をやりながら。

ぞうの鼻

むうく、むうく
山の上、
巨《おお》きなぞうが白い。

むうく、むうく
空に、
ぞうの鼻がのびる。
——水いろ空に、
失《な》くしたきばが
しィろくほそく。

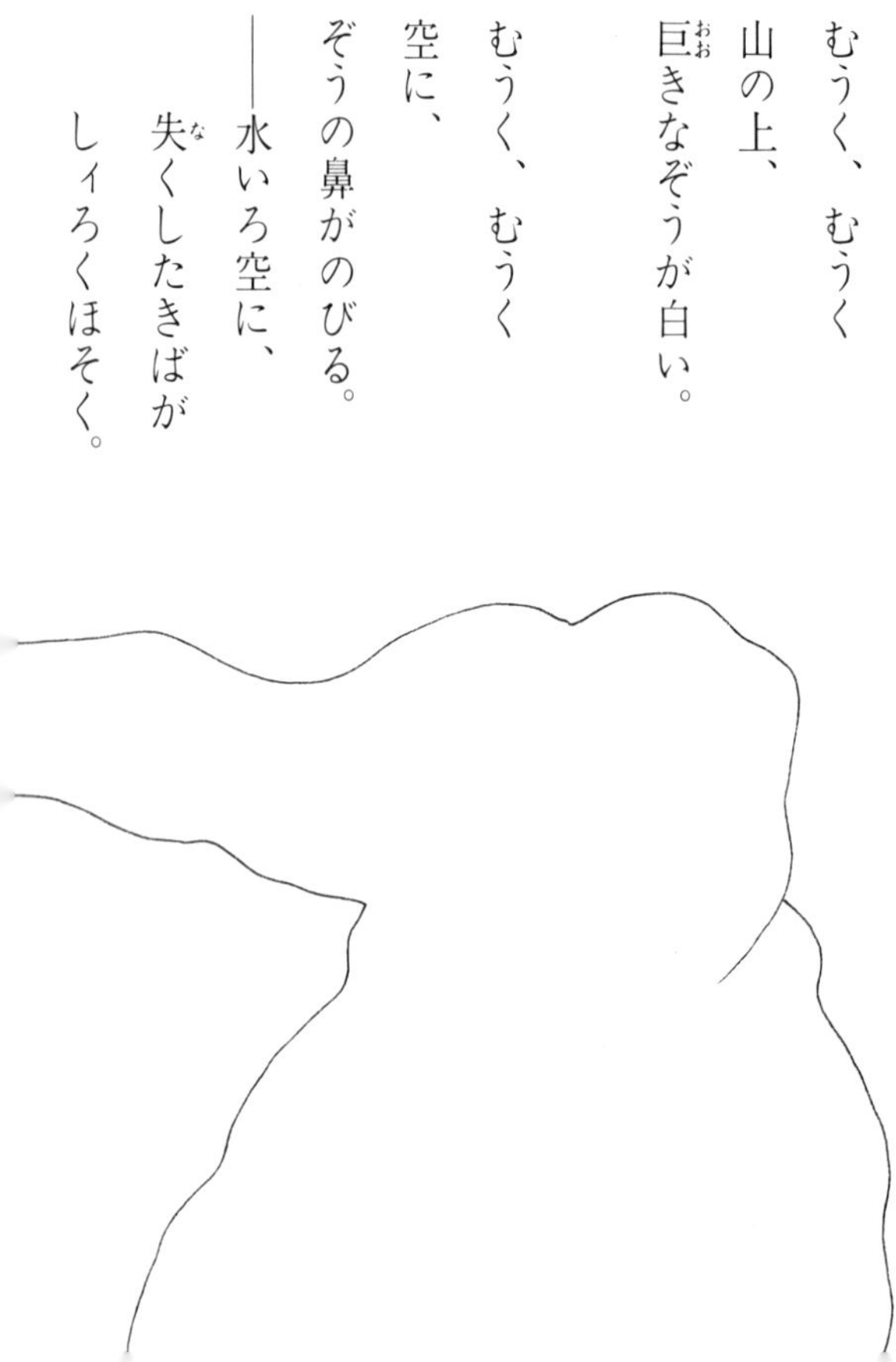

むうく、むうく
鼻が、
のびてものびても遠い。

とどかぬ
ままに、
はいいろに暮《く》れて、
——しずかな空に、
とれないきばは、
いよいよしろく。

お月さんとねえや

わたしがあるくとお月さんも歩く、
いいお月さん。

毎ばんわすれずに
お空へくるなら
もっともっといいお月さん。

わたしがわらうとねえやもわらう、
いいねえや。

いつでもご用がなくて
あそんでくれるなら
もっともっといいねえや。

山と空

もしもお山が硝子《ガラス》だったら、
わたしも東京が見られましょうに。
——お汽車で
行った、
兄さんのように。

もしもお空が硝子だったら、
わたしも神さまが見られましょうに。
——天使に
なった
妹《いもと》のように。

月と雲

空の野原の
まん中で
ぱったり出あった
月と雲。

雲はいそぎで
よけられぬ、
月もいそぎで
とまられぬ。

ちょいとごめんと
雲のうえ、
すましてすたこら
お月さん。

あたまふまれた
雲たちも
平気のへいざで
えっさっさ。

水と風と子ども

天と地を
くゥるくゥる
まわるはだれじゃ。
それは水。

世界中を
くぅるくぅる
まわるはだれじゃ。
それは風。

かきの木を
くぅるくぅる
まわるはだれじゃ。
それはその実のほしい子じゃ。

輪まわし

あの町ぬけて
この町ぬけて
輪《わ》まわし　がァらがら。
一つ人力《じんりき》
二つ荷車
おいこして　がァらがら。
三つ目をぬけば
もう町はずれ、
町の外へ　がァらがら。

たんぼのみちは、
お空へつづく、
空の上まで　がァらがら。
日が暮《く》れかかりゃ
夕やけのなかへ
ほうり出して、かァえろ。

海から出た星が、
その輪をかぶって、
天文台の博士《はかせ》、
びっくり、しゃっくり、目をまわす。
「大発見じゃ、たいへんじゃ、
土星が二つにふえちゃった。」

花のお使い

花のお使い

白菊《しらぎく》、黄菊《きぎく》、
雪のような白い菊。
月のような、黄菊。

たあれも、たあれも、みてる、
わたしと、花を。
（菊は、きィれい、
わたしは菊を持っている、
だから、わたしはきィれい。）

おばさん家《ち》は遠いけど、
秋で、日和《ひより》で、いいな。
花のお使い、いいな。

ももの花びら

みじかい、みどりの
春の草、
ももがお花をやりました。

かれてさみしい
竹の垣《かき》、
ももがお花をやりました。

しめって黒い
畑《はた》の土、
ももがお花をやりました。

おてんとさまは
よろこんで、
花のたましいよびました。

（草のうえから、
はたけから、
ゆらゆらのぼるかげろうよ。）

草山

草山の草の中からきいてると
いろんなたのしい声がする。

「きょうで七日《なぬか》も雨ふらぬ
のどがかわいた水ほしい。」
それはお山の黒い土。

「空にきれいな雲がある
お手てひろげてつかもうか。」
それはちいさなわらびの子。

「お日さんよぶからのぞこうか。」
「わたしもわたしも、ついてゆく。」
ぐみの芽《め》、しばの芽、ちがやの葉
いろんなはしゃいだ声がする。

春の草山にぎやかだ。

つつじ

小山《おやま》のうえに
ひとりいて
赤いつつじの
みつをすう

どこまで青い
春のそら
わたしは小さな
ありかしら

あまいつつじの
みつをすう
わたしは黒い
ありかしら

みそはぎ

ながれの岸のみそはぎは、
だれも知らない花でした。

ながれの水ははるばると、
とおくの海へゆきました。

大きな、大きな、大海で、
小さな、小さな、一しずく、
だれも、知らないみそはぎを、
いつもおもっておりました。

それは、さみしいみそはぎの、
花からこぼれたつゆでした。

大きな文字

お寺のいちょうの
大筆で
だれか、大文字
かかないか。

東のお空
いっぱいに、
「コドモノクニ」と
書かないか。

いまに出てくる
お月さん、
びっくり、しゃっくり
させないか。

山茶花

いないいない
ばあ！
だれあやす。

風ふくおせどの
山茶花《さざんか》は。

いないいない
ばあ！
いつまでも、

なき出しそうな
空あやす。

ごてんのさくら

ごてんの庭の八重ざくら、
花がさかなくなりました。
ごてんのわかいとのさまは、
町へおふれを出しました。

青葉ばかりの木の下で、
剣術《けんじゅつ》つかいがいいました。
「さかなきゃ切ってしまうぞ。」と。
町のおどり子はいいました。

「わたしのおどりみせたなら、
わらってすぐにさきましょう。」

手品《てづま》つかいはいいました。
「ぼたん、しゃくやく、けしの花、
みんなこのえだへさかせましょ。」

そこでさくらがいいました。
「わたしの春は去《い》にました、
みんなわすれたそのころに、
わたしの春がまた来ます。
そのときこそは、さきましょう、
わたしの花にさきましょう。」

もくせいの灯

お部屋にあかい灯《ひ》がつくと、
硝子《ガラス》のそとの、もくせいの、
しげみのなかにも灯がつくの、
ここのとおんなじ灯がつくの。

夜ふけてみんながねねしたら、
葉っぱはあの灯をなかにして、
みんなでわらって話すのよ、
みんなでおうたもうたうのよ。

ちょうど、こうしてわたしらが、
ごはんのあとでするように。

まどかけしめよ、やすみましょ、
みんなが起きているうちは、
葉っぱはお話できぬから。

世界中の王様

世界中の王様

世界中の王様をよせて、
「お天気ですよ。」といってあげよう。

王様のごてんはひろいから、
どの王様も知らないだろう。
こんなお空を知らないだろう。

世界中の王様をよせて
そのまた王様になったのよりか、
もっと、ずっと、うれしいだろう。

硝子と文字

硝子《ガラス》は
空っぽのように
すきとおって見える。

けれども
たくさん重なると、
海のように青い。

文字は
ありのように
黒くて小さい。

けれども
たくさん集まると、
黄金《きん》のお城《しろ》のおはなしもできる。

ながいゆめ

きょうも、きのうも、みんなゆめ、
去年、おととし、みんなゆめ。

ひょいとおめめがさめたなら、
かわい、二つの赤ちゃんで、
おっ母《か》ちゃんのおちちをさがしてる。

もしもそうなら、そうしたら、
それこそ、どんなにうれしかろ。

ながいこのゆめ、おぼえてて、
こんどこそ、いい子になりたいな。

万倍

世界中の王様の、
ごてんをみんなよせたって、
その万倍もうつくしい。
――星でかざった夜の空。

世界中の女王様の、
おべべをみんなよせたって、
その万倍もうつくしい。
――水にうつった朝のにじ。

星でかざった夜の空、
水にうつった朝のにじ、
みんなよせてもその上に、
その万倍もうつくしい。
――空のむこうの神さまのお国。

おふろ

母さまと一しょにはいるときゃ、
わたし、おふろがきらいなの。
母さまはわたしをつかまえて
お釜《かま》みたいにみがくから。

だけど一人ではいるときゃ、
わたし、おふろがすきなのよ。

そこでする事、多いけど、
なかで一ばんすきなのは、
ぽかりうかべた木のきれに、
石鹸《シャボン》のはこや、おしろいの、
かけた小びんをならべるの。

（それはすてきなごちそうの、
ならんだ黄金《きん》の卓子《テイブル》で、
わたしは印度《インド》の王様で、
白《しら》はす紅《べに》はすさきみちた、
きれいなお池につかってて、
すずしいお夕飯《ゆうはん》あがるとこ。）

おもちゃを持ってゆくことは、
いつか母さま、禁《と》めたけど、
時にゃとなりの花びらが、
ちってお船になってくれ、
時にゃわたしの指たちが、
まほうつかって長くなる。

だれも知ってやしないけど、
わたし、おふろがすきなのよ。

瞳

みんなのお瞳《めめ》
まほうのつぼよ。

からたち垣根《かきね》も
街道《かいどう》も、

お馬車も、馬も
馬方も、
そばのはたけも
きりの木も、
とおい、みどりの
あの山も、
まだも、お空の
雲さえも、
小さくなって
みンなはいる。

黒いお瞳《めめ》は
まほうのつぼよ。

さみしい王女

つよい王子にすくわれて、
城《しろ》へかえった、おひめさま。

城はむかしの城だけど、
ばらもかわらずさくけれど、

なぜかさみしいおひめさま、
きょうもお空をながめてた。

（まほうつかいはこわいけど、
あのはてしないあお空を、
白くかがやくはねのべて、
はるかに遠く旅してた、
小鳥のころがなつかしい。）

街《まち》の上には花がとび、
城にうたげはまだつづく。
それもさみしいおひめさま、
ひとり日暮《ひぐれ》の花園で、
真紅《まっか》なばらは見も向かず、
お空ばかりをながめてた。

月どろぼう

十三人のどろぼうが、
北の山からおりて来た。
町をあらしてやろうとて、
黒い行列つゥくった。

たった一人のお月さま、
東の山からあァがった。
町をかざってやろうとて、
銀のヴェールを投げかけた。

黒い行列ァ銀になる、
銀の行列ァぞろぞろと、
銀のまちなかゆきぬける。

十三人のどろぼうは、
お山のみちもわすれたし、
どろぼのみちもわすれたし、

南のはてで、気がつけば、
山はしらじら、どこやらで、
コケッコの、バカッコと鶏《とり》がなく。

金のおすきな王さま

金のおすきな王さまの
ごてんは金になりました。

王様のお手がさわるとき、
ばらものこらず金でした。

王様のお手がだくときに、
おひめさまさえ、金でした。

王様のお手のとどくとこ、
世界はみんな金でした。

けれども、けれども、
そのときに、
空はやっぱり青でした。

四月

四月

新しいご本、
新しいかばんに。

新しい葉っぱ、
新しいえだに。

新しいお日さま、
新しい空に。

新しい四月、
うれしい四月。

ねがい

夜がふけるなあ、
ねむたいなあ。

いいや、いいや、ねてしまおう。
夜の夜なかに、この部屋へ、
赤い帽子《シャッポ》でひょいと出て、
こっそり算術《さんじゅつ》やっておく、
りこうな小びとが一人やそこら、
きっとどこぞにいるだろよ。

竹とんぼ

キリリ、キリリ、竹とんぼ、
あがれ、あがれ、竹とんぼ。

二階の屋根よりまだ高く、
一本杉《すぎ》よりまだ高く、
かつらぎ山よりまだ高く。

わたしのけずった竹とんぼ、
わたしのかわりにとびあがれ。

キリリ、キリリ、竹とんぼ、
あがれ、あがれ、竹とんぼ。

お山の煙《けむ》よりまだ高く、
ひばりのうたよりまだ高く、
かすんだお空をつきぬけろ。

けれどもきっとわすれずに、
ここの小みちへ下りてこい。

おり紙あそび

あかい、四角な、色紙よ、
これで手品《てづま》をつかいましょ。

わたしの十《とお》のゆびさきで、
まず生れます、虚無僧《こむそう》が。

みるまに化《な》ります、鯛《たい》の尾《お》に、
ほらほら、ぴちぴちはねてます。

鯛もうかべば帆《ほ》かけ舟《ぶね》、
舟は帆かけてどこへゆく。

その帆おろせば二そう舟、
世界のはてまで二そうづれ。

またもかわれば風ぐるま、
ふっとふきましょ、まわしましょ。

まだもかわっておきつねさん、
コンコン、こんどはなんに化きょ。

そこで化けます、紙きれに、
もとの四角な色紙に。

なんてふしぎな紙でしょう、
なんて上手な手品《てづま》でしょう。

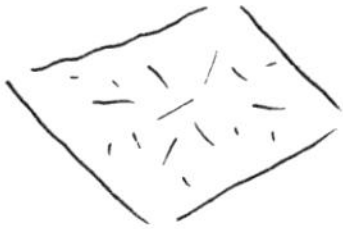

すずめ

ときどきわたしはおもうのよ。

すずめにごちそうしてやって、
みんなならして名をつけて、
かたやおててにとまらせて、
よそへあそびに行くことを。

けれどもじきにわすれるの。
だって、遊びはたくさんで、
すずめのことなんかわすれるの。

思い出すのは夜だもの、
すずめのいない夜だもの。

いつもわたしのおもうこと、
もしかすずめが知ってたら、
待ちぼけばっかししてるでしょ。

わたし、ほんとにわるい子よ。

蓄音器

大人はきっとおもっているよ、
子どもはものをかんがえないと。

だから、わたしがわたしの舟《ふね》で、
やっとみつけたちいさな島の、
お城《しろ》の門をくぐったとこで、
大人はいきなり蓄音器《ちくおんき》をかける。

わたしはそれを、きかないように、
話のあとをつづけるけれど、
うたはこっそりはいって来ては、
島もお城もぬすんでしまう。

数字

二つと三つで五つです、
五つと七つで十二です。

一年生になりたては、
はまの小石を拾って行って、
それで算術《さんじゅつ》習います。

何万、何千、何百を、
わったり、かけたり、くわえたり、
そんなお算用《さんにょ》する今は、
サンタクロスのおじさんほども、
小石背負《しょ》わなきゃなるまいに。

かろいえんぴつ一本で、
書ける数字は、うれしいな。

おかんじょう

空には雲がいま二つ、
路には人がいま五人。

ここから学校《がっこ》へゆくまでは、
五百六十七足《あし》あって、
電信《でんしん》柱が九本ある。

わたしの箱のなんきん玉は、
二百三十あったけど、
七つはころげてなくなった。

夜のお空のあの星は、
千と三百五十まで、
かぞえたばかし、まだ知らぬ。

わたしはかんじょうが大すき。
なんでも、かんじょうするよ。

羽ぶとん

あったかそうな羽ぶとん、
だれにやろ、
表でねむる犬にやろ。

「わたしよりか」と犬がいう。
「うらのお山の一つ松《まつ》、
ひとりで風を受けてます。」

「わたしよりか」と松がいう。
「野原でねむるかれ草は、

霜《しも》のおべべを着ています。」

「わたしよりか」と草がいう。
「お池にねむるかもの子は、
氷のふとんしいてます。」

「わたしよりか」とかもがいう。
「雪のお蔵《くら》のお星さま、
よっぴてふるえていられます。」

あったかそうな、羽ぶとん、
だれにやろ、
やっぱしわたしが着てねよよ。

打《ぶ》ちごま

いつかはメンコが流行《はや》ってた、
いつかはパチンコが流行ってた、
みんな学校で禁《と》められた。

このごろ流行った打《ぶ》ちごまも、
また学校で禁《と》められた。

だれもかくれてみなしてる、
時にゃわたしもしたくなる。

けれど、わたしは思い出す、
歩くことさえ禁《と》められた、
石や草木のあることを。

蛙

にくまれっ子、
にくまれっ子、
いつでも、かつでも、だれからも。

雨がふらなきゃ、草たちが、
「なんだ、蛙《かえろ》め、なまけて。」と、
それをおいらが知る事か。

雨がふり出しゃ子どもらが、
「あいつ、鳴くからふるんだ。」と、
みんなで石をぶっつける。

それがかなしさ、口おしさ、
今度はふれ、ふれ、ふれ、となく。

なけばからりと晴れあがり、
ばかにしたよな、にじが出る。

このみち

いなかの町と飛行機

飛行機《ひこうき》お空にみえたので、
町じゅう表へ出て来たよ。
菓子屋《かしや》の店にもだれもいず、
床屋《とこや》のかがみも空っぽで、

みんなそろって口あけて、
春のお空をみていたよ。
むれて小鳥のとぶように、
ビラがお空を舞《ま》ってたよ。
うちの庭にはちらちらと、
さくらになってちってたよ。
飛行機お空をすぎたので、
町じゅうぽかんとしていたよ。

くり

くり、くり、
いつ落ちる。

ひとつほしいが、
もぎたいが、
落ちないうちに
もがれたら、
くりの親木は
おこるだろ。

くり、くり、
落ちとくれ。
おとなしいよ、
待ってるよ。

電報くばり

赤い自転車、ゆくみちは、
右もひだりも麦ばたけ。

赤い自転車、乗ってるは、
電報《でんぽう》くばりの黒い服。

しずかな村のどの家へ、
どんな知らせがゆくのやら、

麦のあいだの街道《かいどう》を
赤い自転車いそぎます。

おじょうさん

道を教えた旅びとは、
とうにみえなくなったのに、
わたしはとぼんとしていたよ。

いつもわたしのかんがえる、
あのおはなしのお国では、
おひめさまともよばれても、
あたしはびんぼうないなかの子。

「おじょうさん、ありがとう。」
そっとあたりをみまわして、
なにかふしぎな気がするよ。

おもちゃのない子が

おもちゃのない子が
さみしけりゃ、
おもちゃをやったらなおるでしょう。

母さんのない子が
かなしけりゃ、
母さんをあげたらうれしいでしょう。

母さんはやさしく
かみをなで、
おもちゃは箱から
こぼれてて、

それでわたしの
さみしいは、
何を貰《もろ》うたらなおるでしょう。

わだちと子ども

わだちはひくよ、
すみれの花を、
石をひくように。
いなかのみちで。

子どもはひろう、
ちいさな石を、
花をつむように。
都のまちで。

さよなら

母さま、母さま、待っててね、
とてもわたしはいそがしい。

うまやの馬に、鶏《とり》小屋《こや》の、
鶏《とり》と小ちゃなひよっこに、
みんなさよならしてくるの。

きのうのきこりに逢《あ》えるなら、
ちょいと山へもゆきたいな。

母さま、母さま、待っててね、
まだわすれてたことがある。

町へかえればみられない、
みちのつゆくさ、たでのはな、
あの花、この花、顔をみて、
ようくおぼえておきましょう。

母さま、母さま、待っててね。

白いぼうし

白いぼうし、
あったかいぼうし、
おしいぼうし。

でも、もういいの、
失《な》くしたものは、
失くしたものよ。

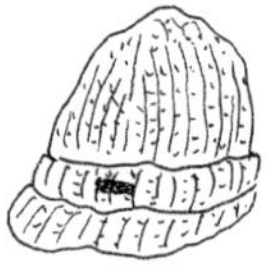

けれど、ぼうしよ、
おねがいだから、
みぞやなんぞに落ちないで、
どこぞの、高い木のえだに、
ちょいとしなよくかかってね、
わたしみたいに、ぶきっちょで、
よう巣《す》をかけぬかわいそな鳥の、
あったかい、いい巣になっておやり。

白いぼうし、
毛糸のぼうし。

失くなったもの

夏のなぎさでなくなった、
おもちゃの舟《ふね》は、あの舟は、
おもちゃの島へかえったの。
　月のひかりのふるなかを、
　なんきん玉のなぎさまで。

いつか、ゆびきりしたけれど、
あれきり逢《あ》わぬ豊ちゃんは、
そらのおくにへかえったの。

れんげのはなのふるなかを、
天童たちにまもられて。

そして、ゆうべの、トランプの、
おひげのこわい王さまは、
トランプのお国へかえったの。
ちらちら雪のふるなかを、
おくにの兵士《へいし》にまもられて。

失《な》くなったものはみんなみんな、
もとのお家へかえるのよ。

光るかみ

しずむ、しずむよ、
はまに出てみれば、
赤い大きな
夕日のまりが。

光る、光るよ、
金いろの糸が、
入り日みている
光《みっ》ちゃんのかみが。

かがろ、かがろよ、
真赤《まっか》なまりを、
金の小糸で
あさの葉にかがろ。

このみち

このみちのさきには、
大きな森があろうよ。
ひとりぼっちの榎《えのき》よ、
このみちをゆこうよ。

このみちのさきには、
大きな海があろうよ。
はす池のかえろよ、
このみちをゆこうよ。

このみちのさきには、
大きな都があろうよ。
さびしそうなかかしよ、
このみちを行こうよ。

このみちのさきには、
なにかなにかあろうよ。
みんなでみんなで行こうよ、
このみちをゆこうよ。

注　かえろ――かえる

『このみちをゆこうよ』によせて

矢崎節夫

〝みすゞ晴れ〟〝みすゞ天気〟〝みすゞ元気〟

こんなうれしいことばが、金子みすゞがよみがえってくれたおかげで生まれました。

気持ちのいい晴れの日は〝みすゞ晴れ〟。みすゞにかかわることをする日は、天気になって、元気もでるということで、〝みすゞ天気〟〝みすゞ元気〟。三つのことばは、今では、金子みすゞを親しみをこめて〝みすゞさん〟とよばずにはいられない、みすゞを大すきな人たちの、あいことばのようになっています。

こんなうれしいことばが生まれるほど、金子みすゞの童謡《どうよう》は、たくさんの人の心のなかでこだましあい、ひびきあって、新しい今を生きているのです。天気や元気に人の名前がつくなんて、ほんとうにすごいなあと思います。

天気といえば、「世界中の王様」という作品のなかで、みすゞは次のようにうたっています。

世界中の王様

世界中の王様をよせて、
「お天気ですよ。」といってあげよう。

王様のごてんはひろいから、

どの王様も知らないだろう。
こんなお空を知らないだろう。

世界中の王様をよせて
そのまた王様になったのよりか、
もっと、ずっと、うれしいだろう。

この作品を読むと、心がふっと解放《かいほう》されるような、わくわくした気持ちになります。

ごてんから一歩も外にでないで、自分のまなざしをかえることもなく、人間中心にものごとを見ている王様は、じつはわたしだったのかもしれません。〝みすゞさん〟が「お天気ですよ。」と声をかけてくれたおかげで、ごてんにとじこもっていたわたしは、一歩外にでることができました。

見上げると、空はどこまでも深い空でした。

今、ここにいる自分は、まちがいなく、この大地とも、空とも、いいえ、百五十億《おく》光年という広大な宇宙《うちゅう》とも、また、みみずさんや、小さなありさんともつながっているという感動で、むねがいっぱいになります。〝みすゞさん〟に「お天気ですよ。」と声をかけてもらって、よかった。出会えて、よかったと心から思います。

この思いは、わたしだけではありません。

選集《せんしゅう》『わたしと小鳥とすずと』では、金子みすゞについて、『明るいほうへ』では、みすゞのよみがえりについてお話ししましたので、ここでは、〝みすゞさん〟と読者のみなさんとのこだましあい、ひびきあいについて、ご報告《ほうこく》したいと思います。

去年（平成九年）の春、奈良県《ならけん》に住むひとりの少女からＪＵＬＡ

出版局《しゅっぱんきょく》に、一通の手紙がとどきました。
「ＪＵＬＡ出版局《しゅっぱんきょく》のみなさん、矢崎節夫先生、そして遠いお空にいる金子みすゞ様」という書きだしで始まっているこの手紙には、五、六年のときの担任《たんにん》の先生が、みすゞが大すきだったこと。六年生の三学期からは、朝の会で毎日一編《いっぺん》ずつ、先生がみすゞの詩を紹《しょう》介《かい》してくれたこと。少女は、それを楽しみに毎日学校へいっていたこと。卒業《そつぎょう》のとき先生がくれたメッセージは、みすゞの「わらい」で、この詩のおかげで、少女は友人にも先生にも、わらって「さよなら」がいえたことなどが書かれていました。その後に――

この詩を読んで、わたしは笑顔《えがお》のすてきな人になろうと思いました。それは、『みすゞコスモス』のなかで矢崎先生が、「笑顔のステキな方は心の美しい人です」といってくださっているからです。

みすゞさんとの出会いは、「わたしと小鳥とすずと」でした。わたしはちょうどそのとき、友だちからなかまはずれにされたり、悪口をいわれたり、学校へもいきたくないと思っていました。そんなとき、先生がわたしに聞かせてくれたのが、「わたしと小鳥とすずと」だったんです。〝みんなちがって、みんないい〟。わたしにもきっとひとつくらいいいところがあるって、自信《じしん》が持てたんです。この詩のおかげで、わたしはみんなとなかよしになれました。

でも、どうしても、やっぱり、いつもひとりぼっちになってしまう子がでてくるの。わたしはみすゞさんのおかげで、そんな子にも、やさしくしてあげられるようになりました。ほんとうにすべて、みすゞさんのおかげです……。これからの長い人生、みすゞさんの詩は、きっとわたしのささえになってくれると思います。

この少女のように、〝みすゞさん〟とのうれしい出会いをした未来《みらい》のすてきなおとなたちが、たくさんいることでしょう。

この手紙に出会えただけでも、〝みすゞさん〟に感謝《かんしゃ》したい気持ちでいっぱいです。

JULA出版局《しゅっぱんきょく》には、この手紙のほかにも、愛読者《あいどくしゃ》カードとよんでいるはがきを使って、びっくりするほどのこだまが返ってきています。その多くが、はがきいっぱいに思いを書いてくださっています。ごく最近《さいきん》のいくつかを、年齢《ねんれい》を追って紹介しましょう。

•気持ちがよくて、楽しくなる。みんながやさしく、みーんな幸せになれるようで、うれしいです。（九歳《さい》／小学生）

•金子みすゞさんの作品はすごくいっぱいあるけど、ぼくはぜんぶすきです。（十歳／小学生）

•小学生のわたしでも、すごくやみつきになる詩がいっぱい書かれていて、すごくいい詩だと思った。わたしももっと大きければ、みすゞさんを追いたいと思った。（十一歳／小学生）

•とてもかわいく、わたしの心をやわらげ、おさないころにタイムスリップしたようになった。素直《すなお》な心をそのままかがみに写したようだ。（十三歳／中学生）

•こんなにすばらしいみすゞさんの詩が、今まで知られていなかったことに不思議《ふしぎ》を感じた。国語の教科書に登場したなんて、今の小学生はとってもうらやましい。きっといい作品に出会えて幸せと思うだろうな。（十六歳／高校生）

•詩というものが、これほど純粋《じゅんすい》に人の心をうつということを、ぼくはあらためて思い知らされました。読み返すたびに新たな感動がこみあげる、すばらしい作品です。（十七歳／高校生）

•とても強いショックをあたえられました。〝見えるものだけがすべてではない〟ということを、今まで考えたこともありませんでした。読み終えて、幸せな気持ちになりました。たいせつなことに気づかなかった自分に気づいてよかったな……と。（十八歳／学生）
•これだけのハッとするひらめきとやさしさに、今まで出会ったことがなかった。とにかく詩の深さに感動した。（二十四歳／会社員）
•読んでいると涙《なみだ》さえでてきて、何度読んでも新鮮《しんせん》な感動をおぼえます。もし自分に子どもが生まれたら、子もりうたのように聞かせたい……。（二十六歳／保《ほ》母《ぼ》）
•今まで子育てに追われていたわたしは、わすれていた〝童心〟を思いださせていただきました。読み終わった後、ふしぎとやさしい気持ちになれ、子どもの心が見えてくるような気がしました。そんな気持ちで子育てができたらと思いました。子どもにも読んであげ

たいです。（三十三歳／主婦《しゅふ》）

•先日、祖父が選集のページぜんぶにふりがなをつけて、六歳のまごに読ませてやりたいとプレゼントしてくれました。とてもあたたかい気持ちになる本で、大すきな本として、ずっとたいせつにしてくれればとねがっています。（三十五歳／主婦）

•土にも草にも、わたしたちには見えないものがいっぱいかくれていて、それに気づくと、こんなにもやさしく、人は生きていくことができるのですね。（四十八歳／女性《じょせい》）

•みすゞさんに出会えたのは、幸運でした。これからの人生、考え方がかわります。ありがとう。（五十歳／会社員）

•毎朝、食事の前に家族《かぞく》で一編ずつ朗読《ろうどく》しております。美しく、あいらしいご本ですが、詩の内容の深さに圧倒《あっとう》されます。（五十五歳／自由業）

・〝やさしさ〟よりももっと深いことばがあれば、今のわたしの感動をそのことばで表したいです。みすゞさんのあたたかいまなざしが、ひしひしと心にしみこんでまいります。（六十八歳／主婦）

・六十年、七十年をすぎたとは思えない、新しい詩を真読《しんどく》させていただき、感激です。（七十二歳／大学講師《こうし》）

わたしは『みすゞコスモス――わが内なる宇宙』（ＪＵＬＡ出版局）のなかで、「みすゞさんの童謡は、日本人がはじめて手に入れることができた、小さい人からおとなまで三世代が共有できる文学宇宙です。読み手の人生観《じんせいかん》、宇宙観《うちゅうかん》、宗教観《しゅうきょうかん》の深まりによって、どんなにでも深く旅することができる、広大なコスモス（宇宙）です」と書きましたが、この読者の方たちのこだまは、その証明《しょうめい》といっていいでしょう。「こんなすばらしい童謡をつくった人がいたなんて

——。何を勉強してきたんだ！　うれしいです」と書いてくださった五十八歳のデザイナーの方もいます。

子どももおとなも、ほんとうにとっても多くの方が、〝みすゞさん〟に出会えたことをよろこんでくださっています。

金子みすゞは、うれしさとばし、倖《しあわ》せとばしのとても上手な人だったのでしょう。みすゞを大すきな五千人以上の人たちのおかげで、わたしたちは今、ネパールの子どもたちに、みすゞのうれしさとばし、倖せとばしをさせてもらうこともできました。

ネパール王国ルンビニ州に、子どもたちの勉強の場として、二校のみすゞ小学校をたてることができたのです。

その始まりは、平成六年の春。年間二百数十回もの辻説法《つじせっぽう》のなかで、みすゞを語ってくださっている、群馬県長徳寺《ぐんまけんちょうとくじ》の酒井大岳《さかいだいかく》先生にお会いしたときでした。大岳先生の友人で写真家のオギノ芳信《よしのぶ》先生が撮影旅行《さつえいりょこう》でネパールにいき、そのまずしさを知り、なによりもネパールの子どもたちが、ネパールの教育を受けることができる学校が必要と、ＮＮＡ（日本ネパール友好協会《ゆうこうきょうかい》）を設立《せつりつ》し、もう二十年以上ネパールに通って、小学校をつくっているという話を聞いたのです。最初は自分の収入をつぎこんで、その後オギノ先生に賛同《さんどう》する人がふえ、その協力をえて、今では十六校にもなっているといいます。オギノ先生が学校をたてる場所は、どこも僻地《へきち》ばかりです。一校たてるのに、この当時で六百万かかるとのことでした。

――〝みすゞさん〟をすきな人たちによびかければ、なんとか集まるのではないだろうか。ネパールの子どもたちに、〝みすゞさん〟のうれしさとばし、倖せとばしをさせてもらいたい。

さっそく、大岳先生からオギノ先生におねがいしていただいて、許可《きょか》を得、「ネパールみすゞ小学校建設基金」を始めたのです。

こうして、平成七年十二月十七日、ルンビニ州ゴナヒヤ村に、第一みすゞ小学校が開校しました。電気も車の通れる道もなかったこの地域《ちいき》に、学校ができたことで、電気がひかれ、道もできました。

赤い屋根に、まっ白いかべ。かべには地元の人が民俗画《みんぞくが》や動物の絵をかき、正面のかべにはみすゞの「みんなをすきに」を日本語とネパール語で刻《きざ》んだ銅板《どうばん》がかざられました。

また、一年半後の平成九年六月十一日には、第一みすゞ小学校から十五キロほどはなれたマグワリヤ村に、第二みすゞ小学校がたてられ、開校式がおこなわれました。この学校には、近くに川があることもあって、みすゞの「お魚」が日本語とネパール語で刻まれた銅板がかざられました。この開校式でなによりも感激したのは、第一みすゞ小学校の子どもたちがやってきて、日本語で「ほしとたんぽぽ」をうたってくれたことでした。

〝見えぬけれどもあるんだよ、／見えぬものでもあるんだよ。〟

とうたう金子みすゞの宇宙は、日本にいるわたしたちだけでなく、ネパールの子どもたちの心にも、確実《かくじつ》に広がり始めているようです。

今、オギノ先生は、ビタミンA不足のため白内障《はくないしょう》になってしまった子どもたちのために、医師《いし》と看護婦《かんごふ》を派遣《はけん》し、手術《しゅじゅつ》や治療《ちりょう》をおこなう「アイ&ヘルスキャンプ」を始めておられます。先日も、五日間で五千人の治療と九十四人の白内障の手術をされたといいます。

わたしたちは、「ネパールみすゞ小学校建設基金」を「ネパールみすゞ基金」とあらため、これからもみすゞ小学校を援助《えんじょ》したり、また、いつか「アイ&ヘルスキャンプ」まで、うれしさとばし、倖せとばしをさせていただきたいと願っています。そして、いつの日か、日本の子どもとネパールの子どもが、世界のどこかで出会ったとき、どちらも〝みすゞさん〟という名前を知っていて、日本語とネパール語で同じ作品を口ずさみ、なかよしになる、そんな日がくるといいなと夢見ています。

チャーリー・チャップリンの生涯《しょうがい》は、〝食べること、はたらくこと、あいすること、そして夢見ること〟そのものだったと、淀川長治《よどがわながはる》さんの話でうかがったことがありますが、わたしたちに、夢《ゆめ》見ることをいっぱいいさせてくれたのも、〝みすゞさん〟です。

この本のタイトルは、「このみち」の最後の一行からかりて、つけたものです。もう一度、「このみち」を読んでみてください。

このみち

このみちのさきには、

大きな森があろうよ。
ひとりぼっちの榎《えのき》よ、
このみちをゆこうよ。

このみちのさきには、
大きな海があろうよ。
はす池のかえろよ、
このみちをゆこうよ。

このみちのさきには、
大きな都があろうよ。
さびしそうなかかしよ、
このみちをゆこうよ。

このみちのさきには、
なにかなにかあろうよ。
みんなでみんなで行こうよ、
このみちをゆこうよ。

〝みすゞさん〟に出会えてよかった、というよろこびで心をいっぱいにしながら、みすゞ道であるこの道を、まっすぐに歩いてゆきたいと思います。

うれしさとばし、倖せとばしをさせてもらいながら――。

金子みすゞ童謡集 **このみちをゆこうよ**

著者／金子みすゞ　選者／矢崎節夫

発行日――――1998年2月25日　第1刷　2018年9月25日　第42刷

再発行――――2020年9月　第1刷 発行　2024年6月　第2刷 発行

発行者――――福田康彦

発行所――――JULA出版局

〒113-0021東京都文京区本駒込6-14-9フレーベル館内

TEL.03-5395-6657

発売元――――株式会社フレーベル館

〒113-8611東京都文京区本駒込6-14-9

TEL.03-5395-6613

印刷所――――新日本印刷株式会社　製本所―――牧製本印刷株式会社

168P 18×14cm NDC911 ISBN978-4-577-61027-5

*作品はすべて、『金子みすゞ全集』より転載しました。

*かなづかいは、現代かなづかいを用い、旧漢字は改めました。

*原則として、小学校4年以上に配当された漢字は、かな書きとしています。